Anna-Lisa Boo

AF515263

Alt und lebendig

Geschichten in Gedichten

Anna-Lisa Boo

Alt
und
lebendig

Geschichten in Gedichten

Rediroma-Verlag

Bibliografische Information der Deutschen Nationalbibliothek:
Die Deutsche Nationalbibliothek verzeichnet diese Publikation in der Deutschen Nationalbibliografie; detaillierte bibliografische Daten sind im Internet über http://portal.dnb.de abrufbar.

ISBN 978-3-98527-319-5

www.rediroma-verlag.de
18,95 Euro (D)

Gefunden in der Krise

Corona, was für ein Albtraum!
Angefangen bei – nicht glauben können – China ist weit weg – Hilflosigkeit – Angst – Verzweiflung – hoffentlich geht der Kelch an uns vorüber!
Alles in unserem Umfeld, unserer sozial emotionalen Lebensgrundlage wurde uns genommen. Aus politischer und virologischer Sicht notwendig, aber persönlich zog es mir den Boden unter den Füßen weg.
Ich hatte die Wahl:

- Entweder depressiv zu werden
- Oder etwas aus mir selbst heraus zu tun

Ohne genau zu wissen, was das sein könnte.
Ich fing an, mir mein Gedankenchaos von der Seele zu schreiben und merkte schon bald, dass ich mitten in „mir selbst“ angekommen war.
Die Krise hat etwas in mir hervorgerufen, das mich unglaublich beglückt. Im Nachhinein bin ich dankbar für die Zeit, in der ich vollkommen auf mich selbst zurück geworfen wurde.
Ich konnte nicht mehr aufhören zu schreiben, und so sind ganz zufällig drei Gedichtbände entstanden.

Meine Gedanken zu diesem Buch

In unserer Gesellschaft alt zu werden, ist kein Pappenstiel. Es gibt so viele Zuschreibungen für ältere Menschen, dass es gar nicht so leicht ist, sich davon zu befreien.
Wenn wir den Mut haben, uns von alten Denkmustern zu trennen und unsere eigene Reise antreten, müssen wir lernen, mit der Reaktion der Umwelt um zu gehen.
Auf jeden Fall scheint klar, „den Respekt der Gesellschaft" haben wir häufig nicht hinter uns. In der Regel wird auf das geschaut, was wir nicht mehr können, wesentlich seltener auf unsere Ressourcen und unsere wertvollen Erfahrungen.
Keiner Generation vor uns ging es so gut wie uns Älteren heute.
Wir haben so viele Möglichkeiten, das Leben zu genießen und uns weiter zu entwickeln
...Also haben wir doch den Mut, und nutzen sie.
Machen wir das Beste aus unseren Jahren, hören wir nicht auf, unser Leben zu planen, ganz in unserem eigenen Sinne ...denn: „Was wäre die Alternative?"
Mit meinen Zeilen möchte ich dazu anregen, unser Schubladendenken zu überprüfen und vielleicht ein wenig zu lüften.
Heraustreten aus den alten Schuhen, um neue Wege zu gehen.
Ihre Anna-Lisa Boo

Ein bunter Strauß von:

Aufbruch, Freundschaft, Würde, heimlichen

Gedanken, Mut, Berührung, Alt?,

Sehnsucht, Glück, Freiheit ua.

Für alle, die sich berühren lassen möchten ...

Anna-Lisa Boo

Einen ganz besonderen Dank möchte ich meiner

Freundin Carola und meinem Mann Bernhard
aussprechen.

Ich wusste sie sehr nah an meiner Seite.

Ohne ihre Unterstützung wären

meine Bücher gar nicht entstanden.

Inhalt

In unserer Gesellschaft

geht es um
Leistung – Leistung – Leistung
Man kann sich nicht leisten,
alt zu werden,
gefragt ist nur noch: Jung !!

Als Kind bereits in der Schule lernen,
auf sich selbst gut zu achten?
Um später nach seinen
eigenen Früchten zu trachten?

Ist das gesellschaftlich wohl gewollt?
Funktioniert man dann noch
so reibungslos für andere,
wenn der goldene Rubel
auch in die eigenen Taschen rollt?

Möglich,
man kommt „dummer Weise“
auf eigene Ideen,
geht auf eigene Reise,
steigt aus,
lässt die Reichen im Regen stehn`.
Raus aus dem Hamsterrad
unserer Leistungsgesellschaft,

in der Arbeit und Menschsein
oft so weit auseinander klafft.

Wer alt ist,
spielt nicht mehr mit.
Das tut weh,
denn er hält nicht mehr Schritt!
Wer sagt eigentlich,
was wichtig ist in deinem Leben,
was dein Dasein dir kann Sinnvolles geben?

Wir Älteren besitzen das kostbare Gut
„die Zeit“,
wir dürfen sie uns nehmen,
sind wir bereit?

Erlauben wir uns,
neugierig auf Neues zu sein,
es zu probieren,
es macht frei, es erfüllt,
... wir hören auf,
zu frieren.

Früher habe ich gedacht,

wenn ich in Rente gehe,
hat das Leben aus gelacht.
Dann kann ich mich beizeiten,
nur noch auf mein Ende
vorbereiten.

Doch, seit ich in Rente bin,
macht das Leben plötzlich
einen ganz neuen Sinn.
Nie im Leben ging es mir so gut,
wie im Moment,
als hätt ich all die vielen Jahre
mich selbst verpennt.

Ich komme jetzt erstmals in meinem Leben
wirklich und richtig vor,
erstmals ...
schieße ich in mein eigenes Tor.
Ich hatte nie geahnt,
wie viel Spaß das Leben bringt,
wenn es nicht von anderen verplant.

Heute darf ich mich selbst entdecken,
mich auf Herz und Nieren checken,
Wo genau liegt meine Lust?
Was begeistert mich?
Weg mit dem Frust.

Das ist nicht leicht nach all den Jahren
der Fremd Verplanung
und Familienverzahnung.

Schert aber ein Rädchen erst mal aus,
raus aus dem Graus,
dann findest du vielleicht die Liebe
zu dir selbst.

Unter freiem Himmel nach Hause gehen ...
Und neue Möglichkeiten sehn ...

Alt?

Was ist das?
Alte Möbel haben oft hohen Wert,
sind für viele erstrebenswert.
Alte Häuser, Burgen, Schlösser,
wir lieben sie, wie Götter.

Alte Kirchen, ein Erbe der Kultur
Eintreten .... Und ... Erlebnis pur ...
Viele Dinge, alt und doch modern,
wir mögen sie so gern.
Aber ehrlich,
alte Menschen ... betrifft das nicht.

Bist du jung,

ist deine Arbeit wichtig und richtig,
du entwickelst dich weiter
auf der Karriere Leiter
und deine Arbeit ist umso mehr
wichtig und richtig.

Kommst du an dein Rentenalter,
ist deine Arbeit oft nicht mehr wichtig,
obwohl nicht krank,
landest du auf der Ersatzbank.

Warum ist,
was früher einmal wichtig,
heute plötzlich nichtig?
In den vielen Jahren,
haben wir auch viel erfahren
Damit sind wir ein wertvolles Licht,
die Jungen haben das noch nicht.

Denn die Ersatzbank
macht auch die hellsten Lichter krank.
Langjährige Erfahrung
mit Paarung
von neuem Wissen ...
Wären das nicht die Prämissen?

Beruf

Neue Wichtigkeit der Jungen,
erklärt alte Wichtigkeit der Alten ...
als Nichtigkeit.
Sie befördern dich, eh du dich versiehst,
hinaus aus dem Haus,
und zahlen dich dafür gut aus.

Was war mit all den vielen Jahren,
die du täglich zur Arbeit gefahren?
war deine Arbeit vielleicht schlecht?

Was ist los ...
Warst du nur Knecht ...? ...

Warum ist sie von heut auf morgen
nicht mehr gut?
Sie geben dir deinen Hut ...
Zweifel ziehen durch jede deiner Poren,
du traust kaum deinen eigenen Ohren.

Ist alt sein nicht mehr „in“,
macht es mit dir nur noch wenig Sinn?
Der Grad ist schmal,
dein Gefühl ist fahl,
der Respekt verloren,
für den du einst warst auserkoren.

Erhobenen Hauptes nimmst du die Hürde,
gehst mit vorgeschobener Würde,
die so lange hält,
bis die Tür deines Büros ...
hinter dir ...
... ins Schloss fällt.

Würde

Würde ist ein ganz wesentliches Gefühl
in unserem Leben,
wir müssen sie nicht verdienen,
sie steht uns zu.

Ich und du,
wir haben ein Recht darauf,
wir sollten nichts anderes in Kauf
nehmen,
uns vielleicht sogar schämen?
Uns nicht ernst nehmen?

Das einzige, was wir haben,
ist unsere Würde,
niemand hat das Recht,
sie uns zu nehmen,
wir müssen uns wehren,
nicht ... verzehren ...

Entwürdigung macht so klein,
es ist das Letzte,
das man uns nehmen darf,
das verurteile ich scharf ...

Das ganze Leben angestrengt,

viel geleistet.
Wolltest gut in der Schule sein,
am liebsten unter den besten Dreien.
Dann der gute Schulabschluss,
... ein Muss!

Immer in der Pflicht, zu lernen,
alles Wichtige zu können,
und manche Nacht ganz durch gemacht...
Wie viele Prüfungen bestanden,
um auf der Erfolgsschiene zu landen.
Dachtest du ...
Dann läuft das Leben gut....

Kinder groß gezogen,
Zwischen Familie und Beruf hin und her geflogen.
Die Familie zu versorgen
bedeutet an Kraft, sehr viel mehr,
als gedacht.

Da verliert man das einstige Ziel,
den Erfolg im Beruf,
ganz schnell aus den Augen
und mit der Zeit beginnt man ...
aus zu laugen.

Mütter kümmern sich um alles,
außer um sich selbst,
darin sind sie großartig,
ein Held.
Gehen die Kinder aus dem Haus,
zieht Leere ein,
für manche ein Graus.

Man übernimmt wieder mehr Stunden,
da kommt man besser über die Runden.
Karriere machen –
jetzt leider vorbei,
andere sind jetzt fleißig dabei.

Du fängst langsam an,
die Jahre zu zählen,
denn manchmal fängt dein Körper an,
dich zu quälen.

Bist jetzt hin und wieder mal krank.
Dein Körper denkt:
Gott sei Dank.
Endlich hab ich mal meine Ruh,
heute steigt sie nicht in die Schuh …

Du quälst dich,
hast ein schlechtes Gewissen ...
darf ich das überhaupt tun?
Während die anderen malochen,
mal aus zu ruhn?

Dein Arbeitgeber, liebe Frau Wanders,
sieht das in der Tat, ganz anders.
Es ist Leistung angesagt,
wer das hinterfragt,
hat hier nichts zu suchen,
kann sich woanders verdienen,
sein Stück Kuchen.

Befindlichkeiten der Kollegen
spielen hier keine Rolle.
Wir hier sind Menschen der Tat,
alles andere ... ist privat!

Menschen werden gespalten,
Wer dies nicht zulässt,
sich ganzheitlich sieht,
gehört sehr schnell zu den Alten.

Ist nicht mehr leistungsfähig,
und wird mit Sicherheit
hier ...
nicht mehr König!

Begonnen mit Leistungsfähigkeit
und Pracht.
Am Ende dem Leistungsdruck
zum Opfer gefallen
Und der Tatsache,
dass das Wissen der Älteren
nicht mehr gefragt ist.
Wie schade,
es geht so viel verloren ...

Hast dich dein Leben lang geplagt,

selten nach dir selbst gefragt.
Geht deine Berufstätigkeit dann zu Ende,
bedeutet das:

Nimm dein Leben jetzt selbst in die Hände.
Hm … mein Leben …
Was ist mein Leben …?
Ich hab mein Leben für andere gegeben.

Nie hast du wirklich gefragt,
wer du bist,
was in dir ruht,
was nur dir selbst gut tut.

… So was hast du nicht?
Jedenfalls das, was zu uns zeigst,
das bist du nicht.

Jeder trägt das ganz Besondere in sich!
Nimm dir Zeit,
nur für dich,
es lohnt sich …!

Alt, wer ist das?

66 Jahre,
täglich 1 Stunde Sport,
40 Jahre,
Sport? Nee, das ist Mord.

70 Jahre,
hat ein neues Hobby entdeckt,
sich in Weiterbildung eingecheckt.
35 Jahre,
eine Umschulung steht an,
die bange Frage,
ob ich das noch wuppen kann?
Wann hört das Lernen endlich auf?

60 Jahre,
geht 400 km den Jacobsweg,
40 Jahre,
Was? So lange spazieren gehen,
Da kann ich meine Serien ja nicht sehn.

70 Jahre,
Rückenschmerzen, ist krank,
na ja, sie ist alt,
50 Jahre,
auch Rückenschmerzen, auch krank,
na ja, so was hat man manchmal ...

70 Jahre,
macht ihr Sportabzeichen in Gold,
25 Jahre,
das würd ich nie schaffen ...

70 Jahre,
manchmal Wortfindungsstörungen,
50 Jahre,
sucht auch nach Wörtern,
vergisst auch manches,
aber alt ist das nicht!!

Verstehst du mit 70 die Welt der Jungen nicht,
bist du alt, wirst innerlich belächelt.
Verstehen die Jungen ihre eigene Welt nicht,
wird diskutiert.

Warum haben die gelebten Jahre
der Älteren so eine negative Bedeutung?

Warum ist man als Rentner plötzlich eine andere Sorte Mensch?
Wozu dient die Trennung zwischen Jung und Alt?

Ältere werden bei jeder Gelegenheit ausgezählt, abgewertet,
passiert den Jüngeren das gleiche,
Kommt das bei jedem mal vor.

Warum?
In Wahrheit sind doch die Jahre nur eine Zahl …
Es kommt auf die innere Einstellung an.
Bewegung innen und außen,
bringt jede Zahl ins Fließen.

In Rente angekommen,

ein Gefühl, erst mal, wie benommen.
Bist du dabei, es zu begreifen,
kannst du auf alles Mögliche pfeifen.
Kannst alles einfach ausprobieren,
ohne dich groß dabei zu zieren.

Haare lang oder kurz,
ist doch schnurz ...
in deinem Alter?
In meinem Alter ...!

Kleidung im Beruf etwas dezent und
altersgerecht,
jetzt ist mir was ganz anderes Recht.
Jeden Tag eine neue Kombination,
denn 1000 Sachen,
die hab ich schon.

Die großen Augen der anderen sind mir egal,
ich hab jetzt Zeit für mich
und probier mich mal.
Ist der Rock etwas zu kurz,
der Pulli zu schmal?
Egal.

Ich trage, was mir gefällt,
die Jahre werden nicht mehr gezählt.
Junge Menschen tragen, was sie wollen
Uns – bezeichnen sie - als die Ollen.

Was soll das,
das macht wirklich keinen Spaß!
Wenn junge Menschen sich ausgefallen kleiden,
ist das cool, zeigt das Mut.

Tun ältere dasselbe,
wird ihnen Lächerlichkeit entgegen gefächelt,
man macht sich Sorgen,
Oh Gott, was kommt morgen?

Spaß ist Spaß,
Ob mit 8 oder 80,
er ist für jeden gleich ...
und lebenswichtig ...

Jetzt ist die Zeit für uns gekommen

Neue Ziele zu erklimmen
Die Welt liegt uns zu Füßen,
wir sollten sie küssen.

Klein und fein,
ziehe ich Neues in mein Leben hinein,
bin dabei,
nach Lebendigkeit zu streben,
und das tut mir so gut – so gut.

Jedes Stück neu
gewonnene Lust
jagt den alten Frust
raus aus dem Haus.

Und mein neues Leben
wird rund und bunt.
Immer ein wenig mehr
und ich freu mich
so sehr …

Alt

Wie alt? ... hm, schon etwas alt.
Gehör ich eigentlich jetzt zu den Alten?
... Meine Haut wirft so Falten,
das war doch früher nicht ...
wo kommt das plötzlich her ...
ich schäme mich so sehr ...
Meine Haut bedecke ich mit Kleidung,
damit niemand sieht,
dass ich alt sein könnte.
Alt, da ist man nichts mehr Wert.
Und wird als Frau
nicht mehr begehrt
Das tut weh.

Ich fühle mich geschlechtslos,
woher kommt das bloß?
Mein Gesicht kann ich hegen und pflegen,
welch ein Segen.
Aber am Rest des Körpers sind die Falten
Kaum mehr auf zu halten.

Darf ich noch ins Schwimmbad gehen,
wo andere Leute dies alles sehn?
Der Körper wird alt,
im Herzen aber jung,
das ist die Diskrepanz, unser täglicher Tanz.

Manchmal fühle ich mich wie Zwanzig,

sprudelnd ... und nicht immer vernünftig,
übermütig.
Manchmal denke ich, bin ich 80
und übermorgen ein Greis.
Was heißt das nun?

Bin ich alt? Oder ein junges Huhn?
Wer weiß das schon?
Die Grenze zum „Alt sein“ einfach weg,
sie macht nur „Seelischen Dreck“

Jeder hat das Recht,
sich mit 60 alt zu fühlen,
oder mit 90
noch in neuen Ideen zu wühlen.

Jeder hat das Recht,
so zu sein, wie er will,
ohne die Drohung:
Sonst gibt’s was auf die Brill.

Eine verrückte Oma

Möchte ich mal werden,
der Gesellschaft die Vorstellung vom Altwerden verderben.
Auch wenn das Bäuchlein etwas rund,
heute trage ich bunt.

Die Kombination: Claudia Schiffer?
Die trägt doch nur ein Angeber, ein Piffer ...
Nein, ich nicht,
ich trage mein eigenes,
mein eigenes Gedicht - auf der Haut,
schaut ...

Mancher wird sich fragen,
was will sie damit sagen?
... So wie ich aussehe, so bin ich drauf.
Dafür ist sie doch zu alt ...!
Ha .. das lässt mich kalt.

Haare lang, einst mal blond.
Inzwischen rundherum grau meliert,
wie sie das ziert ...!
Durch ihre Mähne weht der Wind ...
Von weitem wirkt sie wie ein Kind ...
Ihr Schritt voller Schwung ... so jung ...!

Kommt sie näher heran,
sieht man ihrem Gesicht ein zartes
Alter doch etwas an
Ihre Augen strahlen so unbeschwert,
ihr Mund lächelt so charmant,
... irgendwie befreit,
diese Frau lebt in ihrer eigenen Zeit. ...!

Geht beschwingt an mir vorbei,
ich sehe ihr nach,
ihre Aura rundherum ...
lässt mich aufhorchen ...
lässt mich aufwachen ...
und doch bleib ich stumm ...

Was für ein schönes Bild,
man spürt es förmlich,
die macht, was sie will ...
selbst bewusst wirkt sie,
nein, eben nicht laut und schrill,

sich ihres Wertes bewusst,
aber nicht mehr still ...
ich sehe ihr lange nach ...
in welchem Alter
sie wohl gewesen sein mag ...?

Einst

Ein kleines Kind
Spielt selbstvergessen
Im Sommerwind.

Als junge Frau stellt sie viele Fragen,
will an unserem Werte Katalog nagen.
Mit 40 nannte man sie Emanze,
ab 70 ... als Granny
sie auf der Bühne tanzte,

was wird sie wohl mit 80 tun?
Das wird spannend ...
Vielleicht ...
Im Zelt ...
Als Circus Clown?

Sie lebt ihr Alter ganz frei,
ohne Scheu,
fast ...wie ein glückliches Huhn.

Nach der Berufstätigkeit

In die Rente gefallen,
endlich mal ohne die vielen Verpflichtungen,
jetzt suche ich ganz neue Richtungen.

Die Jahre haben mich doch etwas zaghaft gemacht
Wer hätte das gestern noch gedacht.
Könnte machen, was ich immer schon wollte,
aber ... was war das eigentlich?

Etwas hat sich in mir zurück geschraubt,
was mir heute nicht mehr erlaubt,
sehr weit über den Tellerrand zu schaun.

Mag es kaum glauben ...
Wollte doch neue Ufer gewinnen,
stattdessen stecke ich komplett,
im Korsett.

Im Korsett des Alters,
dass uns seit je her
aller Möglichkeiten beraubt.
Das ist doch nicht fair ...

Der Himmel über dir ist weit,
Sei bereit,
des Lebens Lebendigkeit an zu nehmen,
und höre nicht auf nach dem zu streben,
was für dich wirklich Sinn macht,
wer du wirklich bist ...

Einsamkeit

Nimmt dir die Lebensfreude,
Einsamkeit raubt dir die Lebenskraft,
sie schleicht sich langsam in dein Leben,
belegt dich ganz mit ihrer Schwere,
bis hin zu tiefer Leere.

Einsamkeit nimmt deine Kraft und deinen Saft,
sie raubt dir dein Lebens Elixier,
du hast nichts mehr,
um deine Lebensfreude zu befeuern.

Einsamkeit erstickt deine Lebensflamme,

langsam und stetig,
nimmt ihr den Sauerstoff
und schickt dich, unverhofft
ins Aus ...

Gib Einsamkeit keine Chance,
verliere nicht deine Balance,
zwischen allein sein mit dir,
und dem Treffen mit anderen,
auf ein Bier.

Die Stärke eines anderen Menschen,
kann unglaubliche Kraft auf dich übertragen,
kann dich durch Krisen tragen,
kann dir helfen, bei Krankheit nicht zu verzagen.

Gute Freunde sind das wichtigste
und das beste im Leben,
mit ihnen kann man auch mal schweben,
und sei es nur für einen Moment.
Freunde sind lebensrettende Wegbegleiter,
sei es wolkig oder heiter ...

Freunde sind einfach wunderbar,
man kommt so viel besser mit seinem Leben klar.
Freunde bis zum Schluss ... Ist ein unbedingtes Muss...

Loben

Kleine Kinder loben wir so gern,
sie brauchen es,
sind der Eigenverantwortung noch so fern,
wir loben sie,
damit sie stark und selbstbewusst
ihr eigenes Leben starten,
und nicht auf die Erlösung von anderen warten.

Je mehr das Alter nach vorne schreitet,
je weniger scheinen wir begleitet
vom wunderbaren Glück des Lobes.

Es ist vieles so selbstverständlich geworden,
wir erwarten zwar keinen Orden,
aber Lob ist Glück,
und aufmunternde Worte,
passen ganz oft
und an allen Orten.

Werden Menschen im Alter gelobt?
Oder hingenommen?
Und – loben ältere Menschen ihre Nachkommen?
Lob würde jeder Seele zum Blühen verhelfen,
sie nähren, beflügeln,
denn Zügel … hat sie schon genug.

… Kein Kapital verdoppelt sich,
wenn man verschwenderisch damit umgeht,
nur das Glück.

Zeit

Huch … Schon wieder Freitag?

Wo ist die Zeit geblieben,

womit hab ich sie vertrieben,
Meine Zeit nach vorn ist nicht mehr unendlich lang,
mir wird etwas bang`…

Der Blick zurück auf mein Leben,
lässt mich nicht wirklich schweben,
der Blick nach vorn
gibt mir in Anbetracht dessen,
Ansporn …

Ich will Zufrieden- und Sinnhaftigkeit
in mein Leben bringen,
brauche um meine Existenz nicht mehr ringen …
möchte Dinge tun,

die ich noch nie gemacht,
aus Spaß, einfach so,
um Freude und Besonderes
in mein Leben zu holen,
nichts riesen großes, eher klein,
nur der Spaß, der muss sein!

Vorfreude – Herausforderung –
lass auf der Zunge zergehn
bringt das wohl die kostbare Zeit zum Stehn?
Aufgeregt etwas fühlen,
vor Freude blühn?

Ein kleines Projekt meistern,
bringt jede deiner Poren zum Schwingen,
da braucht man seine Zeit nicht mehr
mit uninteressanten Dingen ...
zukleistern.

GER
4910
Lichtblick

Herzensprojekt

Dazu hab ich jetzt endlich Zeit,
wenn dein Herz ist von etwas berührt,
begeistert,
dann mach dich bereit.

Seiner inneren Stimme vertrauen,
anfangen, einfach tun,
dann spürst du,
welche Fähigkeiten in dir ruhn.
Stundenlang dich in etwas hinein begeben,
du wirst innerlich ... schweben.

Du beglückst dich selbst,
bis tief in deine Seele,
du nährst dich und machst dich satt.
Im Alter tut das besonders gut,

schenkt dir den Glauben an dich zurück
und macht so viel Mut.
Dein Leben bekommt wieder mehr Schwung
Und macht unglaublich jung ...

Sehnsucht nach früher

Ich hadere mit meinem Körper,
mit meinen Falten,
gehöre ich nun doch zu den Alten?
Ich hadere mit meinen Haaren,
die früher mal so wunderschön waren.
Ich schaue auf ein Foto von damals,
eine attraktive junge Braut,
wie unschuldig sie noch in die Welt schaut …
einfach zum Verlieben …

Beame ich mich jetzt in dieses
junge Mädchen hinein,
passt es aber nicht.
Dieses junge Mädchen –
bin nicht mehr ich.

Ich wandre gedanklich weite Wege zurück
und finde mich wieder in
18 Jahr, blondes Haar …
Ein unschuldiges junges Leben,
noch so viele Träume vom Schweben.

Kannte noch nicht alle Hürden,
die ich würde nehmen müssen,
um halbwegs zufrieden

durch mein Leben zu fließen.
In der Entwicklung noch viel Luft nach oben,
manche Pläne dann leider verschoben.
Angefüllt von schmerzhaften Reifungsprozessen,
haben mich das Leben besser verstehen lassen.

Das alles noch mal zu erleben,
denn ich kenn ja die Realität,
lässt mich innerlich nicht mehr schweben,
dafür ist es längst zu spät.

Lebenserfahrung macht stark,
die Seele findet ihre Ruh,
innerlich mehr und mehr autark,
kommt der Frieden langsam dazu.

Heute – weder unschuldig – noch jung,
doch immer noch mit recht viel Schwung,
bin ich in mir ...
bin ich mit mir ...
auf dem Weg ins „Reine“.

Möchte ich wirklich nochmal sein,
die unschuldige Kleine?
Ich glaube, besser nicht.
Lieber blicke ich wohlwollend
in mein reifes Gesicht!

Ich begreife,

je mehr ich reife ...
welche Bedeutung eine Freundin hat.
Bei ihr red ich nicht ins Leere,
sie nimmt sich nicht die Schere,

und schneidet mir das Wort ab,
bis ich schweige, wie ein Grab.
Ich muss nicht viel erklären,
sie weiß, was mich könnt nähren,

gemeinsam suchen wir Wege,
gemeinsam schmieden wir Pläne,
gemeinsam trauen wir uns was,
das macht ungeheuer Spaß!!

Wenn sie fragt: „ Wie geht es dir?“

Ist das beileibe keine Zier.
An meiner Stimme hört sie direkt,
wie mir grad das Leben schmeckt.

Sie fragt nach, ganz sacht und weich,
und es schleicht
sich Wehmut in mein Herz.
Sie erkennt sofort meinen Schmerz.

Wir können reden … Stunden,
über so mancherlei Wunden.
Das tut so ungemein gut,
bis ich irgendwann nehme
meinen Hut,

tauche in meinen Alltag wieder ein,
und sehe plötzlich Sonnenschein …
Wenn ich meine Freundin nicht hätt,
ich läg den ganzen Tag im Bett …!

Eine Beziehung, in die Jahre gekommen,

macht manche Menschen
doch recht beklommen.
Man will endlich leben,
Dinge in sich entdecken,
die von Gott gegeben.

Von Ferne hört man ein sanftes Rufen,
auf seinen reifen Lebensstufen.
Unruhe tritt in den Körper ein,
was ist eigentlich so wirklich „meins“?

Die Seele ist hungrig,
will Neues, will mehr,
dieses „Nichts“,
das schmerzt so sehr.

Keine Antwort bekommt man
auf sein seelisches Rufen.
Der „Stern“ von damals
begleitet einen nicht mehr
auf weiteren Entwicklungsstufen.

In jedem Fall
ist Freund oder Freundin
die beste Lebensversicherung,
da entstehen Ideen,
da entsteht Schwung.

Empathisch kann sie mit dir fühlen,
den Grauschleier
aus deinem Leben spülen.
Kurz gesagt - in einem Satz -
dort ist der beste „Futterplatz“

Eigene Bedürfnisse

sind wie Diamanten.
Was sind Diamanten im eigenen Leben?
Sie sind das Beste,
sie lassen dich schweben
und dich über viele Verpflichtungen erheben.

Diamanten lege zuerst in dein Lebens Glas,
erst danach, was du an Arbeit auch noch hast.
Es ist tagtäglich nicht alles zu schaffen,
drum ist es klug,
etwas liegen zu lassen.

Diamanten geben dir ungemein Kraft,
wer sie in sich trägt,
wer diese gründlich hegt und pflegt,
der hat gewonnen in dieser rastlosen Welt,
fühlt sich erfüllt,
und das allein zählt.

„Wie geht es dir“?

Fragt mich meine Freundin.
Ich kann es kaum glauben,
dieser eine Satz, zutiefst ehrlich gemeint,
ich bekomme sofort feuchte Augen.

Er berührt mich tief in meinem Herz,
rührt an meinem Schmerz.
Sie nimmt mich in den Arm,
hält mich ganz warm.

Ihre Wärme durchflutet mein Sein.
Ich halte sie fest,
für einen Moment
ist sie ganz „Mein“.

Das Leben ist bunt,

manchmal auch rund,
Ein Leben kann sein leer,
oder auch mal schwer.

Meine Freundin nimmt ruhig meine Hand,
hält sie behutsam, ganz sanft.
Keine Eile, keine Not, einfach so ...

Ihre Liebe streichelt meine Seele,
ganz langsam löst sich der Druck in meiner Kehle,
mein Atem fängt wieder an,
zu fließen,
ich beginne ...
ihre Berührung ganz zart zu genießen.

Sie schenkt mir mit ihrer Kraft
Neue Weite,
ich fühl mich so aufgehoben bei ihr,
es tut gut – so gut – bei ihr – heute.

Sich durchs Leben treiben,

immer in Sicherheit bleiben,
die Zeit totschlagen,
an so vielen schönen Tagen,
nichts mehr riskieren,
als hätte man was zu verlieren.

Klingt nach Langer Weile pur ...
Woher kommt sie nur?
Keine Ziele mehr haben,
nichts Neues mehr wagen.

Es muss nicht gleich eine Weltreise sein,
die nährenden Dinge sind oft ganz klein.
Unser schönes Leben,
nicht der Langen Weile hingeben ...

tief in dir liegt eine sprühende Kraft,
sie möchte entdeckt werden,
sie ist so wichtig hier auf Erden ...

Im Grunde sollten wir nichts scheuen,
und am Lebensende,
was mutig war,
keinesfalls bereuen ...

Freundschaft

Wolken ziehen spielerisch am Himmel,
ich denk an dich und auch an mich,
sehe in den Watte Bäuschchen
dein fröhlich lachendes Gesicht.

Wir tanzen leicht unter des Himmels Zelt,
spielen lustvoll mit neuen Gedanken,
wie schön ist doch unsre Welt!

Unsre Freundschaft
dauert schon viele Jahre an,
fast, solange ich denken kann.

Mit dir konnt ich zusammen
träumen,
meinen Weg mit einem
goldenen Faden umsäumen.

Du hast mir oft das Leben „gerettet“,
mich immer wieder auf Empathie gebettet.
Mit dir
konnte ich weiter gehn,
mit dir
blieb ich nicht im Regen stehn.

Du schenktest mir Mut,
wir entwickelten Pläne,
niemals zeigtest du mir die Zähne.
Ohne dich,
hätte ich vielleicht schon verloren,
mein „I C H“!

Spielerisch bist du in mir eingezogen,
hast einen besonderen Platz
in meinem Herzen,
du bist es,
die glättet meine Wogen,
heute zünde ich an für dich ...
71 bunte Kerzen...

Einst ging ein junger Mann auf Reisen,

um seine Unabhängigkeit zu preisen,
lässt seinen Koffer stehn,
ganz aus Versehn.

Futsch war der Koffer
mit seinem teuren Innenleben
Und ward nie mehr gesehn.

Oma, gleich ganz aufgebracht,
fängt an zu trösten,
zart und sacht ...
Mach dir nicht zu viele Sorgen,
ich kann dir meinen borgen.

Das kann doch jedem mal passieren,
musst dich nicht dafür genieren.
Ich schick dir gleich etwas Geld,
dann ist wieder in Ordnung,
deine Welt.

… Kaum ausgesprochen,
kommen da so Gedanken an gekrochen ….
Die Vorstellung: Mir wär das passiert,
70 Jahre,

man würde mich fragen,
ganz ungeniert,
Oma,
geht es dir noch gut in deinen alten Tagen?
Allmählich machen wir uns Sorgen …

Beim Duschen, Putzen und beim Kochen,

hab ich die besten Gedanken,
die sich um mein Leben ranken.
Ich will sie nicht mehr verdrängen,
sie weg schieben,
ich will, dass sie in meinem Leben bleiben,
will – muss sie aufschreiben.

Beim Mango schälen
fällt mir ein,
dass ich schon immer wollt
eine Schriftstellerin sein.

Als Kind hat man mich damit
nicht ernst genommen,
da sind mir auch keine Gedanken gekommen.
Beim Zwiebeln schälen ist es wieder soweit,
ich bin für ein neues Gedicht bereit.

Endlich –
beim Quark,
kommt mir so viel Freud und Lust,
die ich sofort aufschreiben muss!

Freud auf die Sonne, den Frühling,
die Blumen,
Freud auf die Frühlingsluft,
mit ihrem ungemein würzigen Duft,

Freud auf die Welt,
die uns so viel schenkt, ganz ohne Geld.
Freude, dass mich jemand liebt,
Freude,
dass es mich gibt.

Ach –
beim Dichten den Salat ganz vergessen ...
Aber daran kann man
jetzt nichts mehr machen ...

Noch bin ich 70 Jahre jung und fit,

aber halten die Jahre weiter so Schritt?
Was, wenn meine Kräfte leiser werden,
ich manchmal nicht mehr kann.
Nicht mehr gut zurecht komme,
so dann und wann …

Ich anfange, zu vergessen
was gestern war,
auf dem Kopf nur noch wenig Haar …
Meine Gedanken hoffentlich bis zuletzt
noch klar.

Meine Glieder mir schmerzlich zeigen,
dass ich noch lebe,
beileibe kein Grund mehr,
zu schweben.
Der Himmel winkt mir manchmal schon zu,
ich würd` wohl gern noch etwas bleiben,
… oder will ich doch schon meine Ruh?

Bitte - nehmt mir nicht meine Würde,
bitte - schaut mir klar ins Gesicht,
begegnet mir mit Respekt,
nehmt mich Ernst, mit dem,
wie ich jetzt bin.

Meine Liebe zu euch ist nicht anders,
nur,
weil ich alt geworden bin.
Ich möchte weiter mit euch lachen,
hören von euren täglichen Sachen.

In meinem tiefen Sein,
werd ich mit euch weiter leben,
vielleicht werd ich auch mehr in der
Vergangenheit schweben,
werde euch alle in meinem Herzen behalten,
nichts von dem wird erkalten.

Vielleicht kann ich meine Liebe nicht mehr so
zeigen,
wie ihr es eigens
von mir kennt.
Ich wünsche mir von meinen Lieben,
dass ihr vor meinem „So Sein“ nicht davon rennt.

Liebevoll mir die Hand halten,
da sein,
darauf achten,
dass es mir so gut wie möglich geht,
ihr immer mal wieder an meinem Bette steht.

Zum Abschied möcht ich euch alle noch mal sehn,
mich bedanken, dass es euch gibt,
dann ... mit einem Lächeln im Gesicht,
... gehen.

In den letzten Jahren

wünschte ich mir einen echten Freund,
einen, der mir ehrlich sagt,
was er meint.

Der mir Respekt entgegenbringt,
nicht ständig mit der Wahrheit ringt,
auch, wenn sie schwer zu ertragen ist.

Ich wünschte mir ein warmes Gefühl,
von Herz zu Herz,
wir uns unterstützen
bei unserem Schmerz.

Wir uns sein lassen, so,
wie wir sind.
Fürchte mich,
dass einer über mich bestimmt.

Jemand, der mich beantworten kann,
damit ich lebendig bleiben kann,
so lange es geht, sei es nun Frau,
oder sei es ein Mann.

Meine Würde darf man mir nicht nehmen,
ich würde mich so schrecklich schämen ...

Ohne meine Freundin leben,

das würde eigentlich gar nicht gehen,
ihre blitzenden Augen,
ihr lachender Mund ...

Ich trage sie zart in meinem Herzen,
ein schwerer Verlust,
das würde mich ungemein schmerzen,
voller Frust.

Mir würde das Lachen vergehen,
wenn ich dürfte sie nie wieder sehen.
Nie wieder mir ihr philosophieren,

uns in neuen Erkenntnissen verlieren,
die Sonne,
würd sie so scheinen wie einst einmal?
Vermutlich würde ich ständig frieren.

Wenn sie geht,
geht ein Teil von mir mit.
Ich würd für sie eine Rose pflanzen,
in den Himmel sehn,
sie dort oben tanzen sehn.

Würd abends in den Wolken nach ihr suchen,
ihr einmal noch backen ihren Lieblingskuchen,
ihr in meinem Herzen einen Platz einräumen,
des nachts vielleicht von ihr träumen?

Ich lass sie einfach nicht gehen,
denn irgendwann gibt's ein Wiedersehen …

Ich laufe der Liebe nicht hinterher,

das tat ich mal,
jetzt nicht mehr.
Habe zu Familie, Freundinnen und Kreativität
gute Wurzeln geschlagen,
die als Säulen mich durchs Leben tragen.

Sollte mich eine Säule mal kränken,
mir keine Aufmerksamkeit mehr schenken,
das stürzt mich nicht mehr in einsame Tiefen,
in der mir Verzweiflung und Depression zuriefen.

Habe jetzt gefüllte Säulen und mehr,
denn sie alle schätze ich inzwischen sehr!
Könnt mit nur einer Säule nicht mehr leben,
würde zu sehr in Abhängigkeit schweben ...

„Was machen Sie?“
„Nichts.
Ich lasse das Leben auf mich regnen“.

(Rahel Varnhagen)

Diesen Vers kenne ich ein halbes Leben lang,
ich verstand ihn nicht recht,
fast – machte er mich bang.
Ohne Arbeit und ohne Pflicht!
Das geht doch nicht!
Und trotzdem zogen mich die Zeilen an,
hingen lange unverstanden,
an meiner Wand.

Erst jetzt fange ich an,
langsam auf zu wachen,
der Vers für mich einen Sinn zu machen.
Erst jetzt entdecke ich Freiheit in meinem Tun,
erst jetzt erlaub ich mir,
mal aus zu ruhn.

Erst jetzt konnte ich meinem „Ich“
nun wirklich begegnen,
erst jetzt lasse ich das Leben
auf mich regnen ...!

Meine Eintrittskarte ins Leben
Stunde der Königin

Jeden Morgen ...
mein Rücken eine Qual,
aber 70 ist doch nur eine Zahl!

Das einzige, was jetzt scheinbar zählt,
Bewegung - von Mal zu Mal.
Bevor mich mein Rücken noch weiter quält!

... Ich komm nicht drum rum!!

Ich liebe Gymnastik nicht unbedingt,
und manchmal sie mir einfach stinkt.
Mir bleibt nur eins ...
ich ändere schlichtweg meine Gedanken.
Will mich nicht ständig mit meinem
Schweinehund zanken.

„Bewegung – ich werde dich in Zukunft lieben,
dich nicht mehr auf morgen verschieben."
Führe für sie eine „Königsstunde" ein,
die nur ist mein,
ganz ungestört, nur mir gehört!

Ruhig atme ich in mich hinein,
merke ganz fein,
wo Schmerz mich stört.
Meinen Körper liebevoll wahrnehmen,
der leise spürt,
wo er sich möcht` dehnen.

Alle Glieder einmal durch bewegen,
deine Muskelgruppen pflegen,
von Kopf bis Fuß,
auf Dauer- ein echter - Genuss!

Schwitzen,
deine Kraft wieder ganz neu spüren,
voller Stolz,
ganz und gar nur dir gehören.

Den Atem lass durch deinen Körper fließen,
jede Zelle wird es unglaublich genießen,
ganz neues Leben zieht in dich ein!

Gymnastik,
Wer hätte das gedacht?
Meine Eintrittskarte ins Leben mit 70
Die Bandscheibe lacht ...

Geschmeidig und aufrecht
fließe ich nun in den Tag hinein,
voller Stolz und
Selbstbewusstsein.

Meine Gelenke scheinen wie geschmiert,
fühle mich gleich viel jünger,
ganz ungeniert ...!
Schmerzen fließen langsam dahin.

Ich liebe sie derweil ...
Meine Stunde der Königin ...!

Die Freiheit des Lachens

Früher hatten Frauen nicht viel zu lachen,
jung und unerfahren,
da machten sie noch lustige Sachen.

Viel zu früh begann der Ernst des Lebens,
viel zu früh war`s ihre Pflicht:
Machen, machen, machen ...

Ein lautes Lachen
verließ dann nicht mehr ihre Brust,
vor lauter Machen, Machen, Machen
verging ihnen leider bald die Lust.

Lautes Lachen ziemte sich für eine Frau nicht,
man hatte sie am liebsten still und schlicht.
Lautes Lachen nur die anderen stört,
die, die wissen,
was sich gehört?

Frauen, die laut lachten,
waren unfein, sogar ordinär?
Manch eine dachte wohl still in sich hinein:
„Wenn ich doch einmal so unfein wär ...“

Ihr ist nur geblieben,
in sich hinein zu schmunzeln,
gute Erziehung hat sie getrieben, und ...
vielleicht macht Lachen sogar Runzeln?
Lieber auf dem Teppich der „guten Töne" bleiben,
sich nicht unnötig mit dem Umfeld reiben.

Lautes Lachen wirkt unverschämt!
Unverschämt befreiend,
unverschämt beglückend,
voller Lebenslust – unverschämt?
Innere Kraft bricht ohne Hemmung heraus,
da lebt jemand ganz bei sich zu Haus ...!

Lautes Lachen macht so unglaublich frei,
voller Kraft, sich seiner selbst bewusst,
lautes Lachen – das ist nicht fein,
aber ein wunderbarer Moment voller Lust.

Lautes Lachen bringt alle Zellen zum Schwingen,
manch ein Herz fängt an,
zu singen.
Ohne Scham, unseren Gefühlen Ausdruck geben,
Das ist wirkliches Leben!

Das tiefe Wissen:
„Ja, ich bin hier … auf der Welt,
jede Etikette,
die schenk ich mir …
beim lauten Lachen nur die Freude zählt …

Viele junge Frauen

Sehen ihren größten Traum darin,
einen liebevollen Partner zu finden,
der sie dann trägt auf zärtlichen Händen.

Die rosarote Brille aufgesetzt,
und >zack< - sehen sie nicht mehr,
was sie später einmal verletzt.

Sie bauen sich ihr Nest,
feiern das Hochzeitsfest,
die Kinderlein kommen,
vor Glück, ganz benommen.
Es dauert noch eine kleine Weile,
da fühlen sich die Frauen oft ganz alleine.

Die rosarote Brille liegt schon im Keller,
ihr Blick wird allmählich klarer und heller,
für das,
was sie früher nicht gesehn,
denn das –
sollte eigentlich nicht geschehn.

Da sitzen sie in ihrer Tinte,
War die Liebe nur ne Finte?
Sich selbst in ihrem eigenen Leben
in den Mittelpunkt stellen,
sich selbst die Nächste sein,
dieser Gedanke scheint manchmal recht klein.

Im Beruf und privat
ganz auf eigenen Beinen stehn,
sein Glück nur in sich selbst sehn!
Wenn dann das Sahnehäubchen kommt,
dir vor die Füße fällt,
weißt du schon,
was wirklich zählt.

Genieße das Extra in deinem Leben,
denn auf Dauer bringt „er" dich nicht zum
Schweben.
Ist dein Leben mit ihm nicht mehr schön,

... lass ihn wieder gehen!

Tief in dir liegt eine Leere,

tief in dir gibt’s manchmal Schwere.
Du fragst dich nach des Lebens Sinn,
fragst dich nach deines Geistes Kind,

wo komm ich her,
wo will ich hin,
weiß nicht genau,
wer ich eigentlich bin.

Tretmühle war immer angesagt,
hast dich in ihr bemüht und geplagt.
Nach vielen Jahren vogelfrei,
fragst endlich nach,
wer du wohl seist.

Nach Familie und Beruf

Noch 20 Jahre gesundes Leben,
wann hat es das schon mal gegeben?

Bleiben wir nicht bei Haus und Garten,
lass uns noch einmal
ganz neu durchstarten,

ganz anders, als jemals gedacht,
achten wir darauf,
dass unser Herze lacht.

Wie andere uns sehen,
was sie daraus machen,
das sind ihre ganz eigenen Sachen.

Mit der Freundin sich neue Gedanken zu spielen,
nach ganz neuen Zielen schielen.
Denn,
ganz viel ist noch möglich,

wenn du nur Spaß hast,
und lebst ganz
dich ...

Alleinsein

Heißt nicht: einsam sein.
Alleinsein hilft,
eigene Bedürfnisse zu entdecken,
seine innere Welt einmal zu checken.

Annehmen, was sowieso schon da ist,
das Leben nehmen, wie es ist.
Nicht, wie wir es gerne hätten,
meist hängen wir daran wie Kletten.

Ablehnen macht die Dinge erst groß,
wir kommen nicht mehr davon los,
annehmen, so, wie es wirklich ist.
Widerstand – zwecklos!

Schafft auf Dauer deinen Frieden …
Du wirst ihn lieben!

Sehnsucht

Wir alle sehnen uns zurück
nach unsrer Mütter Schoß,
da hatten wir alles, was für ein Glück!
Warm und weich,
Geborgenheit,
es gab nie Streit.

Selbst Hunger und Durst wurden immer gestillt.
Keine Anstrengung für uns,
es kam alles von außen,
damals wussten wir noch nichts
vom mühsamen Draußen.

Kaum geboren,
haben wir unsre Komfortzone verloren.
Jetzt weht ein ganz anderer Wind,
obwohl gut behütet,
wir sind ja noch Kind.

Kaum erwachsen,
wir lassen die Nähe zu Eltern los,
sehnen wir das einstmals große Glück zurück,
unserer Mütter Schoß.

Wir suchen es in einem andern,
fangen an,
von Mensch zu Mensch zu wandern.

Trifft man dann den richtigen,
der das einstige Glück verspricht,
gibt es keinen Trumpf mehr,
der diese Karte sticht.

Endlich hat das Herz gefunden,
endlich gibt es Ruh.

Man lebt in einer Leistungsgesellschaft,
und hat Mutters Schoß dazu.
Das Glück scheint perfekt,
bevor man checkt,
dass diese Rechnung nicht aufgeht.

Kein Mensch ist geboren und auserkoren
für eines andern Glück.
Jeder ist seines eigenen Glückes Schmied,
verantwortlich für sein ganz eigenes Lied.

Zuständig für sein eigenes Glück,
eigene Zufriedenheit,
Stück für Stück.

Erst, wenn man weiß,
was man hat – was man kann,
kann das Sahnehäubchen kommen,
mag sein, ein Mann ...

Abschied ist angesagt
Von Mutters Schoß,
erst dann ist man
richtig „groß“!

Freundinnen

Wichtige Menschen in einem Leben,
können sie sich immer was geben?
Hört Geben und Nehmen einmal auf,
wenn das Leben so nimmt seinen Lauf?

Wenn Krankheit und
Vergesslichkeit machen sich breit,
eine uralte Angst steigt in einem auf:
„Oh Gott, ist es jetzt soweit?“
Jetzt bin ich nichts mehr wert,
jetzt bin ich irgendwie verkehrt?

Ich kann jetzt nichts mehr leisten,
wie in unsrer Gesellschaft gefordert,
von den allermeisten.

Du erinnerst so vieles nicht mehr,
tappst oft im Dunkeln,
und da ist es leer?
Tränen rollen über deine Wängelein,
wie gerne möchtest du doch anders sein …

Den Faden zwischen dir und mir,
den spür ich grad so sehr,
jetzt und hier,
ganz stark und warm.

Ich spür dein großes warmes Herz,
immer offen,
sensibel für Menschen im Schmerz.

Verurteilen war dir fast fremd,
standen auch Menschen vor dir,
fast „nackt“,
ganz ohne Hemd.

Mit deinen warmen Händen
hast du sie auf gefangen,
hast an die Stärke in ihnen geglaubt,
hast sie niemals zurück gelassen
in leeren Wänden.

Dein Verständnis und deine Empathie für andere,
die hast du dir bis heute bewahrt,
in diesem Punkt bist du
so stark und so klar,
und das ist wirklich wunderbar ...

So bist du,
durch und durch,
vor den Sorgen der anderen hast du keine Furcht.
So ein Menschenbild hast nur du ...!
Nun sitzen wir Zwei im Garten hier,
deswegen bin ich so gern bei dir.

Liebe Freundin,
du bist tapfer, du kämpfst,
haderst manchmal mit deinem Los,
für mich aber ....
Bist du groß ...!

Die Generation der Sechziger

Waren starke Jahrgänge,
viele haben sich geregt,
sich gesellschaftlich und politisch
ziemlich bewegt.

Jetzt sind sie die starke Generation der Alten,
müssen sich von Jüngeren lassen verwalten.
Sozialisiert sind sie mit:
Alte sind nichts mehr Wert.
Was ist an „Alt sein“,
eigentlich verkehrt?

Alt werden ist ein Wahnsinns Gewinn
für unser Leben,
und alle scheinen dahin zu streben.
Sie sind da, sind mitten unter uns,
allerdings,
nicht mehr alle gesund.

In den Medien sehen wir
vitale blühende Menschen
den Treppenlift hochfahren.
Will sagen,
die Alten sollen doch bleiben
in ihren vertrauten Bahnen.

Manche leiden an Blasenschwäche,
nicht alte,
sondern junge Menschen
lächeln
in die Kamera hinein,
wie kann das sein?

Wenn wir dem Schönheitsideal
nicht mehr entsprechen,
müssen wir uns dann verstecken?
Will keiner mehr sehn,
wie wir – eben alt – vorm Treppenlift stehn?

Alt sein ist keine leichte Lebensphase,
trotz alledem halten wir unsre Nase
noch immer gern in den frischen Wind,
und wollen uns freuen,
unbeschwert ... und so wie wir sind.

Ältere Menschen

werden häufig belächelt,
ihnen wird Einfältigkeit und Unwichtigkeit
zu gefächelt.
Sie sind eine fremde Generation,
aber wen interessiert das schon …?

Allerdings,
wer heute geboren,
wird in 80 Jahren
ebenfalls als fremde Generation
auserkoren.

Wen interessiert das schon?
Vielleicht ja dich,
Tochter oder Sohn …?

Wir alle erklimmen die gleiche Lebensleiter,
Stufe für Stufe,
weiter … immer weiter …
sie ist des Menschen Biologie,
bitte, vergesst das
nie …!

Junge Menschen

Was bewegt junge Menschen dazu,
ältere,
die unbekannten Wesen,
nicht ernst zu nehmen?
Vielleicht die Angst,
auch so zu werden?

Warum können sie das andere in Älteren
so schwer akzeptieren,
als würden sie,
bei Einfühlsamkeit ...
selbst etwas verlieren ...?

Warum können sie ihnen so schwer
nahe sein,
fast,
als machten sie sich
dadurch klein.

Nur,
weil Ältere einer anderen
Generation entstammen,
kann man für sie
nicht mehr entflammen?

Der Graben zwischen Alt und Jung,
ist er vielleicht
nur ein Katzensprung ...?

Wie wunderbar wäre doch
ein Hin und Her,
es würde uns allen geben
so viel mehr ...

Hoffnung

Immer geht es im Leben um Hoffnung,
Hoffnung und Glaube an sich selbst,
dass sein Vorhaben gerät in Schwung,
man sich wohl fühlt im eigenen Pelz.

Sein Ziel im Auge,
sich nicht abschrecken lassen.
Hoffnung und Glaube
macht innerlich reich und weit,
für manche Weggabelung dann bereit.

Der Gedanke an Hoffnung
muss dich ganz und gar berühren,
sonst hilft er nicht,
in allen Poren muss man ihn spüren,
dann erzeugt er Tatkraft
und Licht.

Chance

Jedes Alter hat seine Chance,
in jungen Jahren sind die Wege
vorgezeichnet,
durchgeplant.

Im Alter sind wir frei.
Wir dürfen unser Leben
ganz neu in die Hand nehmen,
ihm einen neuen Sinn geben.

Gib dir im Alter eine Chance,
für eine andere Balance.
Sich jetzt auf das Schöne konzentrieren
Nur nicht den Humor verlieren.

Näher mit anderen zusammen rücken,
ersetzt vielleicht so manche Krücken.
Beseelt von Hoffnung,
will ich nicht aufgeben,

ich will bis zuletzt
wirklich leben ...!

Wenn kleine Dinge groß werden

Mit einem Satz
springt unsre Katz
zur Tür hinein,
trägt im Maul
einen ganz jungen Spatz.

Voller Stolz zeigt die Katze ihren Fang,
er piept erbärmlich,
mir wird ganz bang.

Die Katze auf dem Schoß
greif ich ihr vorsichtig ins Maul,
nur nicht noch weiter zubeißen ...
nur nicht das kleine Vögelchen zerreißen ...

Ich hab`s geschafft,
der kleine Spatz vor Todesangst,
sitzt erschöpft in meiner Hand,
sein Federkleid heftig zerzaust,
sein Köpfchen zur Seite,
Augen geschlossen,
womöglich denkt er,
„was für eine Pleite ...“

Sein kleines Herz pocht zum Zerbersten,
war sein Flugversuch einer der ersten?
Mit zarten Fingern seine Flügel gerichtet,
sie glatt gestrichen,
Mütterliche Gefühle haben mich beschlichen.

Behutsam halte ich ihn
in meiner wärmenden Hand,
rede ihm gut zu,
sei nicht bang ..., sei nicht bang ...

Der kleine Spatz,
eben noch in Lebensgefahr geschwebt,
hat, denke ich, überlebt.
Ein Glücksgefühl durchzieht mein Herz,
und vielleicht auch seins ...
einen Moment lang sind wir beide eins.

Wir werden ruhig,
unsre Herzen entspannen sich:
„Du kleines zartes Vögelchen,
wie könnte ich dich im Stich lassen,
dich unsrer Katze überlassen."

Liebevoll schaue ich ihn mir an,
und staune,
was die Natur so erschaffen kann,

eine wunderbare Welt,
so ein zartes Wesen,
nicht herstellbar mit Geld!
Nun schwubb, zurück in die Natur,
setze ihn behutsam ins Gras,
in Wald und Flur.

Er öffnet seine Augen,
plustert sich,
breitet die Flügel aus,
ich seh, er will leben,
bestimmt wird er bald wieder
durch die Lüfte schweben.
Er hüpft und flattert ein paar Runden
im hohen Gras dann schnell verschwunden.

Wie wunderbar es ist,
dass die Zeit mir gehört,
und ich die Not des Vogels bemerkt.
So wurde dieser kleine Moment
für uns beide
zu einem großen Kompliment
an das Leben
und die Natur
Und ein Geschenk für uns Zwei
Ganz pur ...

Die Brücke

Was tun,
wenn jemand dich unbedacht verletzt?
Es schmerzhaft dich trifft,
wie ein heißer Blitz?

Der Boden in dir fängt an, zu schwanken,
du verlierst deine klaren Gedanken …
schlagartig fühlst du dich klein …
wie kann das sein?

Manch einer schluckt sie runter,
bleibt äußerlich noch munter …
versucht sich noch zu halten, doch
fortan beginnt sie, seine Seele zu spalten.

Wie viele verletzte Seelen
gibt es wohl auf der Welt?
Vermutlich hat sie noch niemand gezählt.
Menschen, die verletzen,
sagen damit mehr über sich selbst,
als über den anderen aus.
Vielleicht gelangt man über diese „Brücke“
wieder heil ins eigene standfeste Haus?

Königin

Fühle mich wie im Paradies,
geborgen in der Natur
wie eine Königin,
schenkt sie mir ganz viel Sinn.
... und Verbundenheit,
macht mein Herz für Neues bereit.
Ich spüre, hier gehöre ich her ...
Was will ich noch mehr ...?

Hier lässt es sich aus ruhn
vom Denken und Tun.
Umrankt von Grün,
bunter Blumenpracht,
würd am liebsten bleiben
die ganze Nacht.
Ziehe ein in eine heile Welt,
in der nur das Schöne zählt.

Die zärtlichen Rosen,
lächeln mir zu,
als würden sie mein Herz liebkosen.
Sanft werden Erinnerungen wach,
ach ...
wie sie duften, die Rosen ...

Der rote Mohn
schaut mich unverschämt
lustvoll an,
erinnert mich an ein pralles Leben,
zettelt in mir Verführung an,
lässt mich mit den Wolken schweben ...

das gelbe Wandelröschen
durchflutet mich ganz mit Sonne,
mein Herz geht auf, wird weich,
ich genieße es mit Wonne.

Die Rose in kräftigen gelb,
Verbindung zu meiner Schwester,
hab sie ganz nah bei mir,
unser Kontakt war ein sehr fester.

Gedanklich blinzelt sie mir zu,
schenkt mir Hoffnung ...
und ganz viel tiefe Ruh.

Der Buddha schaut in Seelenruhe zu,
scheint mir zu sagen:
„Ich bin zufrieden in der Welt
und du ...?

Privileg im Alter

Früher hatten wir keine Zeit
Auf unseren Körper zu hören,
das würde im Stress
nur stören.

Im Alter dürfen wir lernen
Signale des Körpers wahrzunehmen.
Unstimmigkeiten aufspüren,
dem nachgehen …
Sind wir noch im Gleichgewicht?

Zeit,
unseren Körper besser kennen zu lernen,
was ihm nicht gut tut,
sanft entfernen.

Unseren Körper ganz besonders liebhaben,
er ist das einzige,
was wir haben …

Sehnsucht nach meinen Träumen

Meine Träume wollt ich aufbewahren
An einem stillen, wunderbaren Ort.
Doch das Leben hat mich weit getragen,
nun sind meine schönen Träume fort.

Meine Hoffnung, mein Verlangen,
hat das Leben fort gespült,
meine Sehnsucht glaubt zu bangen,
denn ohne Hoffnung ist mir furchtbar kühl.

Wo sind meine wunderbaren Träume hin?
Werd ich sie in den Wolken wieder sehen?
Denn ohne Träume scheint mir alles ohne Sinn,
... ohne sie will ich nicht weiter gehen.

Vielleicht werd ich ein Blumenkranz mir binden,
vielleicht ganz neue Träume dabei finden,
vielleicht sogar die Träume noch als Kind.
... damals,
im lauen Sommerwind.

Für alte Menschen

Alte Lieder singen,
ein Lächeln auf ihr Antlitz zaubern,
kann sehen,
wie sie in ihren Herzen klingen, spüren,
wie sie meine Zurückhaltung rauben.

Viele Augen werden plötzlich wach,
Lebendigkeit scheint sich breit zu machen,
durch ihre wohl bekannten Lieder, ach …
gemeinsam unser Herz beginnt zu lachen.

Vereinzelt ist ein Mensch
grad in seinen eigenen Träumen,
und doch seh ich am End
ein zartes weiches Lächeln
seinen Mund umsäumen.

Manch einer beginnt sich
im Rhythmus zu wiegen,
manch einer stimmt mit ein,
Melodie und Sehnsucht scheinen sich
aneinander zu schmiegen,
vermutlich haben wir das gemein…

Wir scheinen ganz nah bei einander zu sein …

Der Mensch sehnt sich

nach Verbundenheit,
ist man verliebt, empfindet man so,
man hofft, es bliebe für lange Zeit
und säße ewig auf diesem „Thron“.

Im Alter weiß man,
dass alles kommt und geht,
man nur auf sein Glück vertrauen kann,
wenn man zu sich selber steht.

Man muss es selber schaffen,
und zwar ganz unbedingt,
sich selber glücklich machen,
alles andere ein Versuch,
der nicht gelingt.

Im Alter verstehen wir besser,

wie das Leben geht,
dass sich die Welt
nicht nur um andere dreht.

Die Zeit der Klarheit bricht an,
wir brauchen niemandem mehr
das Leben verschönen
wir dürfen uns mit dem Vorwurf
des Egoismus versöhnen.

Wir haben den Mut,
um das zu leben,
was wir brauchen.
Müssen nicht mehr auf anderen
„Hochzeiten“ schweben.

Wir brauchen den Mut,
unsre Meinung zu ändern
und danach zu handeln,

anstatt die Bedürfnisse
anderer zu erfüllen,
um im eigenen Leben
Schlaf zu wandeln.

Nichts ist so sicher,
wie die ständige Veränderung,
ein ganzes Leben lang,

und doch bin ich manches Mal recht bang
wenn ich mich weiter bewege,
hin zu einem neuen
Lebensklang.

Die tiefen negativen Überzeugungen
in mir,
die ich im Laufe meines Lebens
eingesogen,
werfen immer wieder
große Wogen.

Wann versteh ich endlich,
dass diese Überzeugungen
nicht bin „ICH".

... „Mir selbst auf die Spur kommen",
denn ich will gar nicht gehören
zu den Frommen.

Mich von allerlei Zuschreibungen befreien,
vor Erleichterung schreien,
meine eigenen Grenzen sprengen,

sie im tiefen Meer versenken.
Das würde ich mir - zu Liebe
gern schenken ...!

Zu meiner Person.

Geboren 1951 in Hamburg, in Schleswig Holstein aufgewachsen, in Niedersachsen meine Familie gegründet und zwei Töchter bekommen.
Beruflich bin ich Sozialpädagogin mit Leib und Seele. Meine Arbeitsfelder waren die Bereiche Familie und Schule. Der Werdegang von Menschen hat mich dabei ganz besonders interessiert. Neben berufsspezifischen Fortbildungen habe ich eine 3 jährige Gestalttherapeutische Ausbildung gemacht, und mich darüber hinaus besonders mit verschiedenen Entspannungsmethoden beschäftigt und habe sie in mein Leben integriert.
Inzwischen bin ich stolze Großmutter von 6 Enkelkindern und 2 Bonus Enkelkindern.

Bereits beim Rediroma-Verlag erschienen:

Anna-Lisa Boo – Rosen blühen auch im Winter

Liebe
Liebe ich?
Liebe ich mich?
Liebe ich mich mit
meinen Fehlern?
Ankommen

Anna-Lisa Boo – Auf den Punkt gebracht

Jeder Mensch
Hat das Recht,
sich zu zeigen, wie er ist.
Nur so kommen wir
ganz zu unserer Blüte,
sind nicht abhängig von
anderer Güte
... und die Welt blüht auf.